AF227314

AUGUSTE SPIELMANN

NÉ A STRASBOURG LE 15 FÉVRIER 1834

DÉCÉDÉ A ALGER LE 5 FÉVRIER 1863.

SOUVENIR.

AUGUSTE SPIELMANN

NÉ A STRASBOURG LE 15 FÉVRIER 1834

DÉCÉDÉ A ALGER LE 5 FÉVRIER 1863.

SOUVENIR.

DISCOURS

DE M. LICHTENBERGER

Mes Frères,

Appelé comme ami de celui que nous pleurons à remplacer le vénérable pasteur dont la voix aurait dû s'élever dans cette enceinte, je ne puis me défendre d'un sentiment de douloureuse émotion. Quoi! si tôt les pénibles pressentiments qui nous agitaient il y a six mois au sujet du cher défunt se sont réalisés, et il ne devait revenir au milieu de nous qu'accompagné du lugubre appareil de la mort! Dans ce deuil qui nous enlève si prématurément un frère, un collègue, un maître, un ami bien-aimé, nous sentons la main de Dieu qui nous frappe, et nous éprouvons le besoin de nous incliner avec soumission devant sa volonté paternelle, en disant : « L'Éternel l'avait donné, l'Éternel l'a ôté, que le nom de l'Éternel soit béni ! »

Charles-Auguste Spielmann est né à Strasbourg le 15 février 1834. Il eut le malheur de perdre de bonne heure sa mère ; son père, qui la suivit dans la tombe quatorze ans après, eut la joie d'assister encore aux premiers succès de son fils et de trouver en lui l'appui et la couronne de gloire de ses vieux jours. Spielmann fut élève du Gymnase, où son passage a laissé les meilleurs souvenirs. Admis en 1851 à suivre les cours de la Faculté de médecine, il se fit remarquer par ses connaissances solides et ses talents éminents. Après avoir soutenu avec distinction sa thèse de docteur, il fit un séjour de deux ans à Paris, à Vienne et à Berlin dans le but de compléter son instruction théorique et pratique ; il revint parmi nous au commencement de l'année 1858 et fut bientôt après nommé médecin cantonal adjoint ; il déploya dans ces belles et difficiles fonctions un zèle infatigable uni à un généreux dévouement. Aimé et énéré des pauvres, dont il savait gagner la confiance par des soins délicats et une affection touchante, notre ami trouvait dans leur contact ce qu'il nous procure toujours : la joie du devoir accompli et la bénédiction d'en haut. Deux brillants concours le firent admettre, le premier aux honneurs de l'agrégation, le second à la charge importante de chef de clinique à l'hôpital civil. Dans l'exercice de ces nouvelles fonctions, Spielmann savait joindre une grande douceur à une grande fermeté ; il se fit estimer et apprécier tant de ses élèves que de ses malades qui lui témoignèrent toujours une déférente reconnaissance.

D'autres vous diront mieux que moi le vide que le départ de Spielmann laisse à Strasbourg dans le champ de la science et de la pratique médicale ; mais comment ne pas relever ici celui qu'il cause au sein de sa famille ? Notre excellent ami goûtait vivement et faisait goûter les joies douces et pures du foyer domestique ; il portait à ses frères et sœurs un attachement et une fidélité à toute épreuve ; quel charme n'ont-ils pas éprouvé dans ces tendres et intimes épanchements de l'amour fraternel ! Leur douleur et leurs regrets ardents vous le disent assez ; ah ! dans ces retours sur un passé qui n'est plus, ils se reprochent presque de l'avoir trop chéri. Il apportait dans ses entretiens un jugement droit et bienveillant, un rare bon sens uni à beaucoup d'enjouement ; il y avait dans tout son être quelque chose de candide et de cordial qui vous gagnait malgré vous. Spielmann avait su se préserver de cette passion du dénigrement, hélas ! si fréquente de nos jours ; il se plaisait à relever en tout et chez tous le bon côté : mais ce qui rehaussait toutes ces qualités, c'était la modestie qui émanait de lui comme un parfum suave et pénétrant ; il ne parlait de lui, de ses travaux, de ses fonctions, de ses projets d'avenir que lorsqu'on le pressait, et alors c'était avec une réserve, avec une simplicité qui n'avait rien de calculé. Instruit par un digne et respectable maître dans les doctrines de notre sainte religion, notre ami avait trouvé dans sa famille d'anciennes et solides traditions de piété. Sans doute, sa foi ne resta pas sans orages ni sans éclipses ; — qui peut se flatter dans les temps où nous vivons de voir les croyances de son jeune âge inébranlées ? — Mais au milieu de ses doutes, Spielmann garda un profond respect et un amour inaltérable pour la vérité. Eut-il toujours l'énergie, l'héroïsme qu'exigent les fortes et viriles convictions ? Non sans doute. Et pourtant, plus que jamais aujourd'hui le royaume des cieux veut être forcé, et ce sont les violents qui le ravissent. Spielmann n'était pas un de ces violents, mais il avait un cœur droit ; c'était un vrai Nathanaël en qui il n'y a point de fraude : or tôt ou tard quoi qu'il puisse advenir les cœurs droits et Dieu finissent toujours par se rencontrer ; ils lui sont à l'avance promis.

Ce fut le 1er août 1862 que les premières atteintes de la maladie à laquelle notre ami devait succomber se firent sentir : ce fut comme un éclair dans un ciel serein. Tout jusqu'alors lui avait souri ; tout lui avait réussi. Entouré d'une famille tendrement aimée, d'amis, de collègues, d'élèves, d'une clientèle naissante, de pauvres et de malades qui tous le chérissaient, animé d'un amour ardent pour la science, habile dans le plus beau des arts, dans celui de guérir, voyant s'ouvrir devant lui une carrière que tout annonçait devoir être brillante, que tout promettait devoir être bénie — rien ne lui avait manqué, et Spielmann n'avait que 28 ans ! La découverte de sa maladie, d'une maladie qu'il savait être dangereuse, le frappa vivement. Il essaya de reprendre courage, de se faire illusion ; il changea d'air, d'habitudes, de régime. Ses supérieurs, ses collègues avec un louable empressement lui rendirent le soin de sa maladie facile en le déchargeant de ses fonctions. Il partit pour Alger le 10 octobre dernier, sans permettre que l'un des siens vînt se fixer auprès de lui dans ce lieu qu'il espérait devoir être celui de sa convalescence. Des symptômes cependant, de jour en jour plus alarmants, ne lui laissèrent plus d'illusions. Qui nous dira ce qui s'est passé durant ces longues heures de la séparation ! On l'a vu pleurant sous les rudes étreintes de la nostalgie ; on l'a vu, dans sa dernière crise, tendant les bras vers sa famille bien-aimée ; nous croyons qu'il les a tendus ailleurs encore. Plus heureux sans doute que ce triste peuple qui pour sa patrie dans les fers cherche dans son désespoir à l'horizon lointain un secours qui tarde encore, si notre ami a trouvé « la France trop loin, » il n'aura pas du moins trouvé « le ciel trop haut. » Son Père céleste se sera abaissé vers lui ; l'image de son Sauveur aura relui à son chevet d'agonie.... Le 5 février il s'est endormi dans un calme profond, pendant qu'une dame catholique priait auprès de son lit, et que le garde qui l'avait soigné pleurait à chaudes larmes, disant que jamais il n'avait vu la mort si douce et si sereine.

Voilà, mes Frères, quelle fut la vie, voilà quelle fut la mort de notre cher et excellent ami ; et si maintenant, le cœur attristé, nous nous demandons ce que l'une et l'autre nous enseignent, voici peut-être ce que nous pourrous répondre. Lorsque, il y a quinze ans, devant ce même autel où repose aujourd'hui son cercueil, Auguste Spielmann fut appelé à ratifier ses vœux baptismaux, son pasteur qui nourrissait pour lui une tendresse profonde lui indiqua un passage biblique dont la vive lumière devait se projeter sur tout son pèlerinage terrestre et en dissiper toutes les ténèbres. Ce passage, nous le lisons dans l'Évangile selon saint Matthieu, chap. XXIV, v. 4 et 13 en ces termes : « Et Jésus dit : Que personne ne vous séduise ; mais celui qui aura persévéré jusqu'à la fin sera sauvé. » Le danger de la séduction et le moyen de la vaincre en persévérant jusqu'à la fin : telle est la leçon que Dieu veut nous donner aujourd'hui. Ah ! qu'il forme lui-même en nous des cœurs dociles et des esprits attentifs.

Le danger de la séduction ! et quand a-t-il été plus grand, plus sérieux qu'à l'époque où nous vivons ? Ah ! que dans ces temps de fiévreuse préoccupation matérielle il est difficile de croire et de tendre vers les choses qui sont en haut ; que la vie religieuse rencontre peu d'appuis et d'aliments dans l'atmosphère embrasée que nous respirons ; qu'il est difficile d'acquérir de fortes convictions et de se préserver de ce scepticisme vertigineux qui gagne les meilleurs d'entre nous ! Vous êtes trop habitués, mes Frères, à entendre s'élever du fond de nos sanctuaires des plaintes sur l'incrédulité et l'indifférence en matière religieuse dont souffre notre société du dix-neuvième siècle pour que je veuille les faire entendre à mon tour devant vous ; je vous demande seulement s'il est possible de s'étonner de ces plaintes lorsqu'elles frappent nos oreilles. Notre siècle, si grand et si justement orgueilleux de ses conquêtes matérielles et intellectuelles, nous a trop sevrés, n'est-il pas vrai, du spectacle de la grandeur morale ? Les mœurs et les caractères, les principes et les convictions sont loin de répondre au progrès de nos lumières et ne marchent pas de front avec elles. Où sont les saints, où sont les héros de la lutte morale ? Ne voyez-vous pas qu'il y a une disproportion effrayante entre la richesse des matières et des idées accumulées, mises partout en circulation, et la pauvreté, la stérilité dirais-je de notre vie spirituelle !

Ah ! nous ne nous plaignons pas des triomphes que l'esprit humain remporte sur la matière ; mais nous voudrions voir appliquer les mêmes efforts, le même zèle aux luttes contre le péché et son dur esclavage. Nous ne nous plaignons pas de ce qu'on examine trop , mais bien plutôt de ce que, en matière religieuse du moins , on n'examine pas assez, de ce qu'on se laisse arrêter sur le seuil de la foi par les préventions et les préjugés les plus grossiers. Nous nous plaignons — ah! souffrez que je le dise — de l'étroitesse de ceux qui usurpent le beau nom de libéraux, et du fanatisme de ceux qui prétendent porter le drapeau de la tolérance. La science, ce n'est pas elle que nous redoutons, mais bien la légèreté de ceux qui jugent et tranchent les questions sans même chercher à les comprendre ; c'est avec joie que nous rappelons cette parole du grand Bâcon : « Peu de science éloigne de Dieu, beaucoup de science rapproche de lui. »

Nous ferons du reste à notre siècle un grand éloge : nous le louerons sans réserve de sa sincérité. Il est aujourd'hui généralement reconnu que les convictions doivent être strictement personnelles , qu'il est nécessaire que chacun les conquière à la sueur de son front et que nous ne saurions réellement nous appuyer que sur ce que nous nous sommes ainsi assimilé. La religion n'est pas une dominatrice tyrannique ; elle ne veut pas régner en nous par la contrainte ; elle réclame de libres adorateurs ; elle se tient à la porte de nos âmes en suppliante, sans avoir besoin de je ne sais quelle protection , quel patronnage officiel. Son meilleur avocat, elle l'a en nous. Oui, mes Frères, en nous, dans nos propres cœurs. Nos faiblesses, nos misères non moins que nos vertus , nos deuils et nos joies plaident puissamment en sa faveur ; elle seule peut épurer, affermir, préserver, sanctifier les unes ; elle seule peut soulager et guérir les autres. Nous avons besoin d'elle, parce que dans ce rude combat de la vie, dans cette mêlée, dans ce train de guerre où nous sommes tous les jours engagés, il nous faut deux choses que le monde ne peut pas nous donner , la paix et la joie. Nous avons beau les chercher ailleurs , nous ne les trouverons pas. Ce ne sont pas nos affections qui nous les donneront, elles, si fragiles, si chancelantes, exposées hélas ! à de si cruels mécomptes, ce ne sont pas non plus nos succès, les triomphes enivrants de notre ambition, ce n'est pas même le calme passager que nous procure le travail et la satisfaction précaire que nous puisons dans le sentiment de notre devoir accompli.

« Que tes meilleurs sentiers conduisent loin du ciel ! »

a dit un poëte, en parlant de cette terre si dépourvue de vrai bonheur. Nous n'en avons fait que trop souvent la navrante expérience ; nos jouissances, nos occupations, nos projets, nos rêves journaliers, tour à tour nous excitent et nous usent, nous dissipent et nous abattent, car tous ils portent les stigmates et les flétrissures de notre condition terrestre.

Il faut donc que l'homme, pour échapper à ce danger de la séduction, s'élève de ce qui passe vers ce qui demeure ; il faut qu'il dirige ses regards plus loin et plus haut, il faut qu'il se place en face de l'éternité. Tant qu'il ne songe qu'au jour présent ou à celui d'hier et de demain, c'est l'impitoyable train de guerre, c'est la mêlée confuse de sentiments, de pensées qui entre elles s'accusent et se défendent. Seule, la vue de l'éternité lui donnera la vraie lumière, lui indiquera la vraie valeur, le véritable usage de toutes choses ; seule, elle fera jaillir en lui les sources de la paix et de la force. Oh ! comme tout change suivant le point de vue auquel on se place et d'où l'on contemple les objets, suivant la mesure qu'on leur applique. Vous laissez prendre votre cœur aux misérables vanités, aux basses convoitises de ce monde ; vous vous laissez éblouir par les succès, briser par les revers, et voici demain tout cela ne sera plus ; il n'y aura plus que vous avec votre pauvre âme toute meurtrie, toute froissée, toute dépouillée, toute souillée peut-être, votre âme, et votre Dieu qui vous demandera compte de l'emploi de votre vie et des talents qu'il vous avait confiés. Encore quelques jours, et vous voilà sur le seuil de cette éternité, si redoutable aux uns, si méconnue par les autres, si mystérieuse et si solennelle pour tous.

Ah! mes Frères, plus haut donc votre regard! Osez fixer cette pensée : l'éternité ; osez-y revenir, y songer souvent ; ayez le mâle courage de lui faire une place dans votre vie et de lui assurer une influence sur vos actions. Sans doute, ce regard vous le baisserez d'abord, couverts de honte et de confusion, mais vous le relèverez ensuite sur le Dieu des miséricordes que Christ nous a révélé, et vous vous abandonnerez sans réserve à sa grâce. Alors aussi, aux heures sombres, où le vide se fait autour de vous, où la mort frappe une tête chérie, ainsi qu'à l'heure suprême où elle vous appellera vous-mêmes, vous ne serez pas comme des gens qui n'ont aucune espérance : vous savez ce qui attend ceux qui ont persévéré jusqu'à la fin. Je ne veux point parler de la reconnaissance et des bénédictions qui reposent sur la mémoire des justes ici-bas, ni des récompenses et des couronnes qui leur sont réservées dans le ciel, mais d'un bien infiniment meilleur. Écoutez : le plus récent biographe de Calvin, fouillant dans les documents et dans les souvenirs relatifs à la mort du grand réformateur, ne trouva aucun monument, aucune inscription, aucune épitaphe, si ce n'est cette demi-ligne écrite à côté de son nom sur le registre du Consistoire : « Allé à Dieu le samedi 27. » — « Allé à Dieu »... mes Frères, sentez-vous tout ce qu'il y a d'éloquence dans ces simples mots? Ah! Dieu nous donne qu'on puisse les répéter un jour de chacun de nous. Amen.

DISCOURS

DE M. EHRMANN

DOYEN DE LA FACULTÉ DE MÉDECINE DE STRASBOURG.

MESSIEURS,

Le nom du regretté collègue dont nous venons confier à la terre les restes inanimés, appartient à l'une de ces familles patriciennes de Strasbourg qui ont fourni à l'ancienne Université de cette ville des hommes distingués par leurs vertus et leur savoir. Les SPIELMANN, les BŒCKLER, les SALTZMANN, les LOBSTEIN étaient de ces gloires littéraires et scientifiques du siècle dernier et dont la tradition s'est conservée jusqu'à nos jours. La médecine et l'histoire naturelle ont dû leur prestige et leurs progrès dans notre pays à ces savants alsaciens, dignes de notre vénération.

Aujourd'hui, Messieurs, un noble rejeton d'un de ces illustres maîtres vient de s'éteindre! Auguste Spielmann, agrégé de la Faculté et chef de clinique de notre grand hôpital, a cessé de vivre. Savant, quoique jeune encore, estimé de tous ceux qui l'approchaient, plein de dévouement pour les malades, et rempli de zèle dans l'exercice de ses devoirs, Spielmann était venu conquérir à vingt-six ans une position à laquelle le désignaient les rares qualités de son cœur et de son esprit.

Mais fallait-il avec tant de précieux titres tomber à la fleur de l'âge, victime du devoir, et succomber sitôt à la désastreuse influence d'un mal, obscur encore dans son origine, mais foudroyant dans ses effets?

Pourquoi la terre hospitalière des rives africaines a-t-elle refusé à notre ami le soulagement qu'il est allé implorer à la douceur d'un heureux climat!

Quoiqu'entouré des soins les plus affectueux que lui prodiguaient ses dévoués confrères au delà des mers, il n'a pu échapper au coup fatal qui est venu l'atteindre, et le frère désolé, accouru pour assister à ses derniers moments, n'a trouvé qu'une dépouille mortelle que renferme aujourd'hui cette tombe.

Cher et honoré Spielmann, reçois ici nos derniers adieux ; reposes en paix au sein de la terre natale que tu ne devais plus revoir ! Que ta courte carrière, parcourue avec tant d'honneur et tant de succès, serve d'exemple à ceux qui ont écouté si souvent tes instructives paroles ! C'est au séjour des bienheureux que tu trouveras la récompense des vertus dont tu étais le modèle ici-bas.

Que cette terre te soit légère !

DISCOURS

DE M. HERRGOTT

PROFESSEUR AGRÉGÉ A LA FACULTÉ DE MÉDECINE DE STRASBOURG.

MESSIEURS,

Veuillez me permettre de vous retenir encore quelques instants aux bords de cette tombe pour adresser un dernier adieu au collègue bienveillant, à l'ami dévoué qui vient d'être si rapidement ravi aux espérances de la Faculté et du Corps médical de l'Alsace et à l'affection de ses amis.

De solides études préparatoires, qui avaient nourri son esprit, épuré et élevé son goût, une scolarité brillante à la Faculté, marquée par plusieurs succès importants, les fonctions d'interne remplies avec une assiduité exemplaire et un talent souvent apprécié, un concours pour l'agrégation dans lequel l'importance de la victoire s'apprécie par la valeur des champions, un second concours pour la place de chef des services cliniques, qui a été une nouvelle victoire, plusieurs publications sur divers sujets de médecine, tels sont rapidement énumérés les titres qui avaient assuré successivement à Spielmann les premières places parmi ses condisciples, un rang si distingué parmi ses confrères et qui lui avaient ouvert à deux battants les portes de la Faculté, heureuse de placer sur un confrère si aimable et si distingué de chères espérances.

Spielmann était heureux de ce succès, il eût pu en être fier si l'eût permis sa modestie qui donnait un suave parfum à toutes ses qualités.

Il se préparait déjà par des conférences au grand enseignement auquel il allait prendre part, le temps du noviciat imposé à l'agrégation par les règlements avait expiré; il allait prendre sa place au milieu de ses collègues et de ses maîtres, quand tout à coup éclatent les symptômes d'un mal terrible.

Un cruel sacrifice était jugé nécessaire pour rétablir une santé si gravement atteinte ; il s'y résigna, prit en souriant le chemin de l'exil sur la rive africaine ; il adressa un touchant adieu à ses amis, à ses parents, à la Faculté, à sa ville si chère ; il partit soutenu par l'espérance du retour... cette espérance ne devait pas se réaliser.

Son exil fut adouci par la vive affection de chers amis et compatriotes ; ils furent pour lui d'un dévouement fraternel qui l'eût sauvé s'il avait pu l'être ; qu'ils reçoivent ici du moins l'expression de toute notre reconnaissance, ils ont rempli pour nous notre devoir.

Le principe de son mal s'étant subitement localisé sur le cerveau, toute espérance de prolongation de cette existence si profondément minée fut perdue sans retour ; cette terminaison si rapide et si inattendue de sa maladie, qui s'accomplissait au moment même où nous n'étions nullement allarmés sur sa fin prochaine, a eu au moins pour notre cher collègue l'avantage de le soustraire au lent martyre d'une fatale consomption ; néanmoins au moment où il se sentit plus gravement atteint sur cette plage lointaine il a dû, comme Anthose mourant, se souvenir de sa douce cité en qui se personnifiaient toutes ses sympathies et toutes ses affections.

Dieu n'a pas voulu, cher Spielmann, que ton existence fût longue ; il n'a pas voulu que ton nom illustré dans le siècle dernier par ton aïeul le fût par toi dans celui-ci, tu nous l'avais fait espérer, et notre espérance était fondée... Inclinons-nous devant ses décrets qui l'ont si tôt appelé à lui.

Nous conserverons pieusement dans notre cœur ta douce et souriante image, elle nous rappellera ce que peuvent en peu de temps produire de sympathiques affections, une sincère estime, le travail soutenu par le talent et embelli par le charme de la modestie. Adieu.

DISCOURS

DE M. RUMBACH

PREMIER INTERNE A L'HÔPITAL CIVIL DE STRASBOURG.

MESSIEURS,

A peine avons-nous quitté le deuil que la mort, impitoyable dans sa marche, nous impose ses lois dures et inflexibles et fait une nouvelle victime.

Triste nouvelle qui est venue nous surprendre et jeter la désolation dans nos cœurs.

Le jeune et savant professeur agrégé, qu'une fin prématurée vient d'arracher à notre affection, était un de ces hommes d'élite qui brillait autant par les qualités du cœur que par celles de l'esprit ; sa bonté lui avait gagné les sympathies de tous ceux qui l'ont connu ; les rapports qu'il avait journellement avec les élèves dans ses fonctions de chef des cliniques, portaient l'empreinte de la dignité et de la bienveillance ; d'une humeur toujours égale, il avait le rare privilége de voir ses ordres acceptés comme des conseils fraternels.

Jour fatal, au moment où une santé florissante semblait assurer à ce noble cœur un long séjour sur cette terre, un mal profond germait dans cette organisation qui paraissait si solide, et minait sourdement cette enveloppe terrestre.

Les effets salutaires d'un climat plus doux pouvaient un instant écarter de notre pensée de sinistres pressentiments ; mais, vain espoir, tout ne fut qu'illusion ; malgré les secours les plus éclairés de la science, la maladie marchait rapidement et produisait d'irréparables ravages. L'appareil lugubre qui est déployé devant nous fait voir la triste réalité de nos appréhensions.

Perte bien douloureuse pour nous tous ; mais courbons nos fronts sous les décrets impénétrables du Créateur.

Dans un monde meilleur, cher et regretté maître, recevez la récompense de vos labeurs et la couronne immortelle que vous vous êtes préparée ici-bas.

Reposez-en paix ; avant qu'un peu de terre nous sépare à jamais de vos restes mortels, vos élèves vous disent un éternel adieu.

A AUG. SPIELMANN !

SOUVENIR.

« Partez, lui disait-on ; sous le ciel d'Algérie
    Dieu vous ménage la santé !
Partez ! les froids et longs hivers de la patrie
    Vous auraient bientôt emporté ! »
Il partit confiant, et la douce espérance
    Vint charmer ses derniers adieux.
Ainsi le nautonnier qui va quitter la France,
    Sourit, des larmes dans les yeux.

Il partit ; mais le mal, implacable en sa rage,
    Le suivit jusque dans l'exil,
Et la mort l'atteignit sur ce lointain rivage
    Qu'on croyait pour lui sans péril.
C'est ainsi qu'en secrets la Providence abonde :
    L'homme, pour éviter la mort,
Voudrait en vain s'enfuir à l'autre bout du monde ;
    Dieu seul peut enchaîner le sort.

Ton heure avait sonné, noble fils de l'Alsace !
    Ni ton savoir, ni ton bon cœur,
Rien n'a pu te sauver : la mort ne fait pas grâce,
    Pas même à l'homme le meilleur.
Mais le Dieu qui nous frappe est le plus tendre père :
    Nous aimons tous à le penser,
Spielmann ; si ce Dieu bon t'enleva de la terre,
    C'était pour te récompenser.

J'en ai le ferme espoir : dans ta lente agonie,
    Quand tu sentis la mort venir,
Quand tu vis qu'ici-bas ta tâche était finie,
    Pensant à Dieu pour le bénir,

Tu le remercias de ta longue souffrance ,
    Tu t'écrias d'un cœur joyeux :
Il est bon de souffrir, car notre patience
    Nous fait moins indignes des cieux.

Si jamais le désir d'une modeste gloire
    Avait pu séduire ton cœur;
Si tu voulus jamais laisser une mémoire
    Conquise à force de labeur,
Tu le compris alors : la sagesse éternelle
    Mieux que nous sait ce qu'il nous faut,
Et l'on voit le néant de la gloire mortelle,
    Quand on va s'envoler là-haut.

Non, non, ce n'est pas toi qui causes ma tristesse;
    Si tôt que t'ait frappé la mort,
Tu laisses parmi nous un nom plein de noblesse;
    Je ne saurais plaindre ton sort !
Je gémis sur tes sœurs, tes amis et tes frères :
    Qui te vit et ne t'aima pas?
Aussi je m'associe à ces larmes amères
    Que leur fait verser ton trépas ! .

Strasbourg, février 1863.

CHARLES DUBOIS,

Professeur en congé.

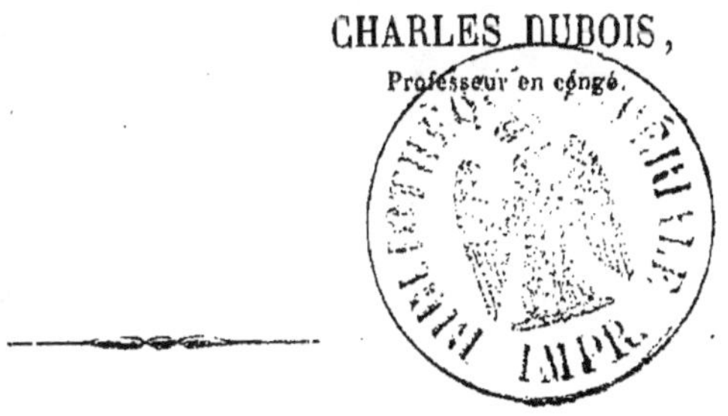